POLITIQUES ET HIST...

AU DIX-NEUVIÈME SIÈCLE

1

NAPOLÉON III

PAR

HIPPOLYTE CASTILLE

Auteur de la Seconde République (1848 à 1852)

AVEC PORTRAITS ET AUTOGRAPHES

CINQUIÈME ÉDITION

Prix : 50 centimes

PARIS

FERDINAND SARTORIUS, ÉDITEUR

9, RUE MAZARINE, 9

1857

Recevez, Monsieur l'Espérance
... mes sentiments distingués

Napoléon Louis

Eugénie C.sse ...

Palais de l'Élysée le 26 Janvier 1853.

PORTRAITS POLITIQUES

Au dix-neuvième siècle.

— 1 —

NAPOLÉON III

EMPEREUR DES FRANÇAIS

PAR

HIPPOLYTE CASTILLE

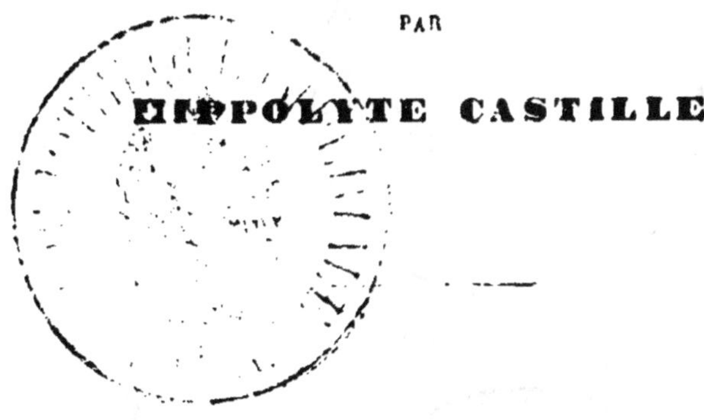

PARIS

FERDINAND SARTORIUS, ÉDITEUR,

9, RUE MAZARINE, 9

1856
1857

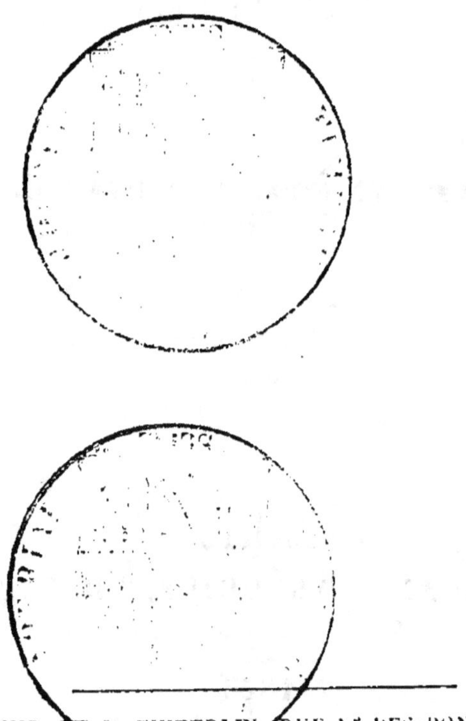

PARIS. — IMP. DE L. TINTERLIN, RUE N°-DES-BONS-ENFANTS, 3.

NAPOLÉON III

Quelques pages sur la France et sur le prince qui la gouverne nous paraissent le plus convenable frontispice qu'on puisse mettre en tête de ces études. La France est un portique sous lequel il faut passer d'abord pour entrer dans le monde des idées. Les étrangers le savent, et en font l'un des principaux objets de leurs études.

Quant à la vie de l'empereur Napoléon III, peu de personnes l'ignorent. Le suffrage uni-

possible. Mais j'espère bien en même temps, que le lecteur ne verra, dans cet hommage rendu aux convenances, rien qui puisse porter atteinte à l'indépendance de l'Histoire.

Le public n'a à redouter de la part de l'auteur aucune préoccupation personnelle. On n'en a d'autre que celle de lui être agréable en lui évitant la peine de questionner le groupe cosmopolite de voyageurs, d'étrangers, de touristes et de diplomates qu'on trouve dans la plupart des grandes capitales, notamment à Londres et à Paris. Ces petits livres lui permettront aussi de satisfaire une utile et légitime curiosité sans être obligé de feuilleter la multitude de brochures indigestes que toute question fait lever comme une pluie de printemps certaines herbes, et qui se consomme entre une centaine d'initiés.

Sur ce grand chemin des nations où nous convions le lecteur à nous accompagner, comme nous l'inviterions à faire le tour d'un salon afin de lui présenter une foule d'hommes illustres, les questions vont surgir à chaque pas.

On ne doit pas en chercher ici la *solution*. Le langage de l'homme d'Etat ne conviendrait pas à ces simples esquisses. Lorsqu'un homme d'Etat parvient, au bout de trente années d'expérience, à bien connaître deux ou trois questions, il a fourni une carrière et peut offrir des solutions. Il n'y a pas de personnage politique dans le monde entier qui soit en mesure de les présenter toutes avec une ombre de vraisemblance.

Les solutions appartiennent le plus souvent au peuple, à l'avenir, à la Providence.

Mais ce qu'un homme de bon sens peut faire, c'est exposer.

Exposer, c'est vulgariser.

Vulgariser, c'est mettre en jeu tous les ressorts de l'esprit humain ; c'est faire rendre des sons à toutes les touches du clavier.

Nous ne devons pas non plus oublier que, dans cette grande comédie de la politique du globe, les idées, les questions, s'agitent sous des figures humaines qui doivent, sous la plume du narrateur, vivre afin d'intéresser. Nous demanderons donc à ce vieil encrier dont nous avons déjà tiré, comme de la fiole de don Cléophas, tant de diables plus ou moins boiteux, l'encre qui fait ressembler et vivre.

Le lecteur nous pardonnera un peu de fermeté pour les idées en faveur d'une honorable indulgence pour les hommes. Il a pu voir à ce peu de mots que le scandale ne fait point partie de notre équipement de voyage. Le style de l'homme comme il faut se reconnaît comme l'homme lui-même, à la démarche et à l'allure.

H. C.

Paris, 30 avril 1856.

AVANT-PROPOS

DE L'AUTEUR

AU SUJET DE CES PORTRAITS.

———

J'aurai plus d'une fois, dans la série
le portraits politiques que je me propose
de tracer, l'occasion de parler de personnes impériales et royales. Je le ferai
avec le plus de réserve que cela me sera

versel est le plus grand des vulgarisateurs. Un prince parvenu à l'empire par le vœu de huit millions d'électeurs doit être assez connu dans son pays. Mais sa vie offre pourtant, ne fût-ce qu'au point de vue romanesque, un si puissant intérêt, qu'elle tentera toujours la plume de l'historien et peut-être aussi l'imagination du lecteur. Ne relit-on pas sans cesse l'histoire de la Révolution de 1789?

S'il est vrai d'ailleurs qu'aux yeux de la philosophie de l'histoire l'humanité apparaît dans son ensemble comme une seule existence, à bien plus forte raison lorsqu'il s'agit d'un homme, doit-on, pour en donner une idée exacte, ne rien séparer dans cette indivisible unité. Il faut associer l'idée au fait, ne dédaigner ni les dates ni les origines. Les idées et les faits s'éclairent réciproquement.

Charles-Louis-Napoléon Bonaparte est né à Paris le 20 avril 1808. Il eut pour père un roi honnête homme qui préféra, en 1810, quitter le trône plutôt que de trahir la cause de son peuple ou de combattre la France. Bel exemple que Bernadotte ne sut pas imiter en 1812.

Louis-Napoléon Bonaparte, roi de Hollande, eut trois enfants. L'empereur actuel des Français est le dernier des trois. Rien ne présageait donc qu'il dût porter un jour une couronne. Mais l'aîné de ses frères, le grand-duc de Berg, prince royal de Hollande, mourut à la Haye âgé de cinq ans. Le second succomba en 1831.

Le défaut d'espace ne nous permet pas de nous arrêter aux années d'enfance du jeune prince. Un spirituel humoriste disait en parlant des petites filles : « Ce sont des femmes plus petites. » On pourrait dire des petits garçons royaux : « Ce sont des rois plus petits. » Le caractère de la royauté est indélébile. Quand Pierre le Grand, à Versailles, prenait dans ses bras Louis XV enfant, ce n'est pas à l'enfant qu'il pensait, mais au roi. Ce monarque au génie envahisseur semblait se demander ce que pourrait peser un jour la monarchie française.

L'empereur Napoléon Ier et l'impératrice Marie-Louise tinrent sur les fonts baptismaux le fils de la reine Hortense. A l'âge de huit ans il quitta la France. Sa mère habita tour à tour la Bavière, la Suisse et Rome. Les agitations de la vie commençaient pour lui dès l'enfance.

Un fait singulier, et qui peut-être ne fut pas sans influence sur les idées du jeune prince, c'est que son éducation fut confiée au fils du fameux conventionnel Lebas. On sait que M. Lebas est membre de l'Institut. C'est là que devait finir la Révolution. Il y avait de l'académicien chez les chefs les plus marquants de la Révolution ; notamment chez le plus illustre d'entre eux : Robespierre.

S'il est vrai que les noms fassent naître des associations d'idées, le jeune Charles-Louis Napoléon appartenait ainsi d'une part au trône, de l'autre à la Révolution.

Il est à remarquer que ce caractère lui reste même sous le manteau impérial. Mais quel est le prince français qui pourrait renier la Révolution, lorsqu'en France ce mot rappelle les plus belles conquêtes de notre civilisation? — Ce n'est pas l'empereur Napoléon III, lui qui, dans l'*Idée napoléonienne*, qualifiant son oncle de « héros plébéien, » le nomme en outre « le vrai représentant de la Révolution. » (*OEuvres*, tome III.) Or une telle circonstance a pù être décisive sur l'esprit du tzar Nicolas. Elle est peut-être pour quelque chose dans l'origine de la guerre récente. La plupart des faits historiques ne sont qu'un résultat de la condition des peuples et des gouvernements. Peut-être est-ce à cette pensée qu'il faut attribuer un mot utopique jeté depuis 1648 sur le tapis vert des congrès : équilibre européen. Mais l'équilibre, c'est le repos infini, et le repos infini, c'est la mort. En vain les gouvernements, en vain les peuples eux-mêmes, s'acharneront-ils à la poursuite de cette chimère; l'humanité, comme Ahasverus, est condamnée à marcher toujours.

Quand deux principes en lutte ont été déposés dans l'âme d'un enfant, la première partie de sa vie sera évidemment consacrée à celui des deux principes qui par sa nature est le mieux en harmonie avec les générosités et l'esprit d'aventure particuliers à la jeunesse. La première partie de la vie du prince Char-

les-Louis-Napoléon appartient donc à la Révolution, la seconde appartient au trône. Sur
une autre échelle, le fils d'un bourgeois de
Paris se fût développé d'une façon absolument
identique : révolutionnaire dans la jeunesse,
conservateur dans l'âge mûr.

Le premier acte politique de la vie du
jeune prince fut ce qu'il devait être : un acte
révolutionnaire. Une insurrection ayant éclaté
dans la Romagne, il prit les armes pour la
cause de l'indépendance en Italie. Or, on ne
l'a pas oublié, lorsque, en 1849, l'armée de
Civita-Vecchia venait de bombarder Rome,
Louis-Napoléon écrivit à son aide de camp,
M. Edgard Ney, une lettre fameuse destinée
à protéger les Romains contre la réaction du
clergé. — Le patriote de 1831 s'était un
moment réveillé dans l'âme du prince s'ache-
minant vers le trône. De ceci était né cela.

Ainsi se déroule sur un plan rigoureusement
logique la trame de l'existence.

Le nom de l'Autriche éveillait sans doute
en 1831 peu de sympathie dans le cœur du
jeune prince. Le souvenir de sa tante et mar-

raine l'archiduchesse ne pouvait être qu'un sentiment de la seconde moitié de sa vie, un sentiment confondu dans le cortége des idées impériales et des préoccupations dynastiques.

L'insurrection de la Romagne ne fut pas heureuse. Elle eut une influence décisive et tout à fait providentielle sur la destinée du jeune prince. Il y perdit son second frère, et devint ainsi, de cadet qu'il était, fils unique de roi. Ce roi n'était plus, il est vrai, sur le trône. Mais le jeune prince n'en devenait pas moins un roi déclassé, ou, si l'on veut, un prétendant. Tous les déclassés appartiennent à la Révolution. L'élève de M. Lebas, l'exilé de la France, le fils unique de roi et neveu d'empereur, suivra nécessairement le courant qui l'entraîne.

Il prit à cette époque le nom de Napoléon-Louis. D'après un pacte de famille émanant de la volonté de l'Empereur, l'aîné de la famille impériale devait toujours s'appeler Napoléon. A l'instar de Jules César, l'empereur Napoléon Ier voulait imprimer la marque profonde de son nom à une ère impériale. Ce

fut, on le sait, l'une des plus chères pensées
de son génie dominateur.

Napoléon-Louis avait alors vingt-trois ans,
l'Italie était envahie par l'Autriche. Il s'éloi-
gna, et gagna Paris incognito. Sa mère l'ac-
compagnait. Il implora de Louis-Philippe
l'honneur de servir comme simple soldat sous
le drapeau de la France. Le roi ne se soucia
point de placer dans les rangs de l'armée un
simple soldat du nom de Napoléon.

Depuis sa naissance jusqu'en 1849, il est à
remarquer que la vie de Louis-Napoléon n'a
été qu'une suite de revers. Exilé dès l'enfance, fils de roi sans trône, son premier combat est une défaite, sa première démarche
pour rentrer dans son pays une démarche
inutile. On verra avec quelle persévérance il
lutta contre l'adversité.

Au retour de son voyage en France, Louis-
Napoléon, retiré avec sa mère dans le canton
suisse de Thurgovie, au château d'Arenemberg, se prépara dans une même et seule
pensée napoléonienne à de nouvelles entre-
prises. En 1832, le jeune et infortuné duc

de Reichstadt offrait encore un but aux espérances du parti bonapartiste. La Révolution de 1830 avait ramené à la surface des événements deux grandes épaves nationales : le nom de la République et le nom de Napoléon.

Qui eût dit alors que, dix-huit ans plus tard, les deux germes surgiraient presque simultanément, et que le second se superposerait au premier?

Napoléon-Louis, par une sorte d'instinct de l'avenir, entreprit de rallier tous les éléments bonapartistes, de grouper en un seul faisceau ces regrets et ces espérances qui, dans l'armée surtout, prenaient un caractère sérieux. Il se fit le représentant du fils de Napoléon, prisonnier de l'Autriche. Ce fut une pensée honnête, qui marquait des convictions indépendantes de préoccupations personnelles. « Un corps d'armée tout entier, dit M. Laity, colonels et généraux compris, l'attendait, et, vu l'impossibilité où se trouvait le jeune prince d'arriver à la frontière, les chefs étaient décidés à accueillir son cousin, s'il était muni

d'une simple lettre de Napoléon II[1]. » Le duc
de Reichstadt mourut sur ces entrefaites. C'é-
tait un troisième revers; mais, par un de ces
jeux de la fortune, qui semblait se complaire
à renverser successivement tous les obstacles qui séparaient Napoléon-Louis du trône de
France, aux termes du plébiscite de l'an XII,
il devenait héritier de la couronne impériale
de Napoléon Ier.

Cette pensée influa sans doute sur le caractère de Napoléon-Louis, et le fortifia dans ses
résolutions. Il donna aussitôt à ses études une
direction absolument politique et militaire. Il
publia en 1833 une brochure sur la Suisse.
Le canton de Thurgovie lui conféra le droit de
bourgeoisie honoraire. Volontaire à l'École
militaire de Thun, il fit paraître un an après
un manuel d'artillerie qu'on attribua d'abord
au général Pelet, et auquel les gens compé-
tents accordent leur estime. Le gouvernement
de Berne le nomma capitaine dans son régiment d'artillerie.

[1] *Relation historique des événements du 30 octobre
1836, par M. Armand Laity.*

Selon toute probabilité, les idées du jeune prince étaient alors complétement arrêtées, car il refusa, en 1835, la main de dona Maria, reine de Portugal, veuve du duc de Leuchtemberg. C'est vers la France que se dirigent ses espérances et son activité.

Ses débuts dans l'art des préparation. marquent une habileté précoce. Son plan, fort simple, consistait à se faire connaître aux hommes éminents de divers partis. M. de Chateaubriand, par exemple, passe en Suisse en 1833, reçoit au château d'Arenemberg la plus gracieuse hospitalité, écoute le jeune prince, lit ses premiers essais politiques, et lui écrit ces mots : « Si Dieu, dans ses impénétrables desseins, avait rejeté la race de saint Louis, si notre patrie devait revenir sur une élection qu'elle n'a pas sanctionnée, et si ses mœurs ne lui rendaient pas l'état républicain possible, alors, prince, il n'y a pas de nom qui aille mieux à la gloire de la France que le vôtre. »

Beaucoup de personnes, en France, adopteront les deux derniers membres de cette phrase.

M. de la Fayette fait, en 1833, demander une entrevue au prince, et l'engage à « saisir la première occasion favorable de revenir en France. Votre nom est le seul populaire », ajoute ce vieillard, qui devait se connaître en popularité.

Un envoyé du prince vint sonder M. Armand Carrel. « Les ouvrages politiques et militaires de Napoléon-Louis Bonaparte annoncent une *forte tête* », répondit-il. Il prédit au prince un grand avenir, s'il savait « oublier ses droits de légitimité impériale. »

Chaque personnage influent, consulté comme on consulte une pierre de touche pour éprouver l'or, reste, on le voit, dans son propre rôle; mais tous sont d'accord sur deux points capitaux : l'incontestable popularité du nom de Napoléon, et la *capacité politique* du prétendant. Comment les républicains de 1848 ont-ils à ce point manqué d'informations, qu'ils se soient abusés du tout au tout, — aussi surpris au jour du réveil que s'ils eussent vu Brute devenant soudain Brutus, ou Sixte-Quint jetant ses béquilles?

Ce plan, très-dissemblable, on le voit, d'un complot, était soutenu par un système de publicité, et par des affiliations, peu nombreuses, mais sûres, dans chaque régiment.

La solitude d'Arenemberg était visitée à cette époque par un jeune homme ardent, sorti de l'artillerie, M. Fialin de Persigny. Il connaissait la France; il croyait au bonapartisme du peuple. Il jeta dans l'âme du prince la flamme de ses espérances.

J'ai souvent entendu citer M. Fialin de Persigny comme un des hommes les plus honnêtes et les plus convaincus du parti bonapartiste. Il avait en même temps beaucoup d'audace et un bon sens de gendarme. Ces qualités servirent puissamment une cause qui avait tant d'obstacles à surmonter.

Le lieutenant Armand Laity, autre partisan du prince, était aussi un jeune homme d'un dévouement absolu.

A peu de distance d'Arenemberg vivait un lieutenant-colonel retraité, ancien capitaine de la vieille garde. Il devint l'un des partisans les plus éprouvés du prince.

La France n'était pas absolument satisfaite du gouvernement de Louis-Philippe; elle l'a prouvé depuis. Le prince s'exagéra néanmoins ce mécontentement. D'un autre côté, sa conception était mûre. Un colonel dévoué à sa cause, M. Vaudrey, dirigeait par intérim l'artillerie de Strasbourg. C'était un incident des plus favorables à ajouter aux dispositions générales.

Ainsi fut conçue et bientôt exécutée l'insurrection de Strasbourg, qui, dans la pensée du prince, devait entraîner l'Alsace, les Vosges, la Lorraine, la Champagne, toutes peuplées de patriotiques souvenirs.

Un soir, en sortant d'un bal, à Bade, le prince monte à cheval. Un seul ami l'accompagne. Il entre à Strasbourg, se présente dans une réunion d'officiers, et leur dit : « Messieurs, le neveu de l'Empereur se fie à votre honneur. » Il leur explique ensuite ses plans et sa pensée. On convient de saisir la première occasion favorable.

Quelques mois après, le 25 octobre, le prince croit l'occasion venue. Il embrasse sa mère, et lui dit qu'il va chez une de ses cousines. Cette cousine, c'était la France. Il arrive chez M. Parquin. « Parquin, je vais me faire tuer, ou bien je ramènerai l'aigle sur nos drapeaux, voulez-vous me suivre? » Parquin le suit.

Un fait capital à noter ici, c'est que Louis-Napoléon Bonaparte n'est pas doué d'une de ces complexions sanguines qui vont tête baissée à l'obstacle. Ce prince, qui prend les armes dans l'insurrection de la Romagne, expose deux fois sa vie dans deux tentatives, sa tête au coup d'État, sa poitrine aux vengeances politiques après le coup d'État, était originairement timide. La volonté l'a aidé à vaincre sa réserve naturelle. Il est arrivé à l'audace par le flegme. C'est à lui qu'appartient, dit-on, ce mot profond qu'il laissa tomber au milieu des agitations de 1848 · « *L'avenir est aux apathiques.* »

Je ne raconterai pas l'insurrection de Strasbourg, qui a été retracée dans tous ses détails par MM. Armand Laity, E. Roch, James Fazy, Germain Sarrut, Saint-Edme, et par Louis-

Napoléon lui-même. Ce qui m'a le plus frappé dans ces divers récits de la légende napoléo·nienne, c'est une longue lettre que le prince vaincu écrivit du navire qui le transportait à Rio-Janeiro par ordre du roi Louis-Philippe. Il rappelle à sa mère le moment de son départ pour Strasbourg. « Une voix secrète m'entraînait, » dit-il. En même temps qu'il se sent animé d'une invincible résolution, une mélancolie inexprimable s'est emparée de son cœur. « Triste et rêveur, dit-il, mon esprit avait pris la teinte de l'air brumeux et froid qui m'entourait. »

Arrivé à Larh, petite ville du grand-duché de Bade, sa calèche se casse. C'était comme un présage; mais la voix secrète lui crie : En avant!

Il traverse Fribourg, Neuf-Brisach, Colmar, et arrive à Strasbourg à onze heures du soir. Il va loger dans une petite chambre qu'on lui a retenue rue de la *Fontaine*. L'observation de la nature ne l'abandonne pas. Il a remarqué « le *temps brumeux* », il observe maintenant le *clair de lune qui éclairait les*

rues. » Il est frappé du silence de la ville en-
dormie.

Quiconque a vécu au sein de nos discordes
civiles, et sait ce que c'est qu'une veille d'armes, connaît ce sentiment de pitié qui prend
au cœur de l'homme politique en contemplant
une cité paisible que doit éveiller le lendemain
le bruit de la fusillade. « Par quoi ce calme
sera-t-il remplacé demain? Cependant, dis-je à
mon compagnon, il n'y aura pas de désordre si
je réussis. » Le coup d'État militaire du 2 dé-
cembre est tout entier dans cette parole.

Ce mélange de mélancolie et de fermeté est
une chose frappante. Dans ce voyage forcé que
lui impose la volonté de Louis-Philippe, il
écrit à sa mère : « Les situations dépendent
des affections qu'on y porte ; il y a deux mois,
je ne demandais qu'à ne plus revenir en
Suisse ; actuellement, si je me laissais aller à
mes impressions, je n'aurais d'autre désir que
de me retrouver dans ma petite chambre, dans
ce beau pays où il me semble que je devais
être si heureux. »

Plus loin, c'est une pensée d'amour qui se

mêle à ces regrets de la famille absente. « Lorsque je revenais, il y a quelques mois, de reconduire Mathilde, en rentrant dans le parc, j'ai retrouvé un arbre rompu par l'orage, et je me suis dit à moi-même : « Notre « mariage sera rompu par le sort... »

Il y a un grand charme poétique dans ces lignes. Tout cela est bien loin du trône. On comprend pourtant que le prince qui s'exprimait ainsi ait eu, empereur, l'indépendance de contracter un mariage par amour. Lorsque Napoléon III a choisi pour épouse une jeune Espagnole, d'une beauté touchante, dont les personnes qui l'ont connue avant son élévation au trône s'accordent à proclamer le bon cœur, la vieille diplomatie frémit. Le peuple trouva bien qu'un empereur de son choix se mariât en consultant ses inclinations. S'il avait plu à Louis-Napoléon d'épouser une fille de la Légion-d'Honneur, le peuple eût applaudi encore. C'eût été pour lui le symbole de la grande armée narguant tous les rois de l'Europe. Il y a toujours du républicain dans l'âme du peuple français. Et, pour lui, Napoléon ne cesse pas d'être un peu à ses yeux ce qu'il s'est désigné lui-même dans le programme de ses idées gouvernementales : « X... Empereur de la république française[1]. »

Brisé à Strasbourg, traîné en Amérique, bafoué en quelque sorte par cette malice du vieux roi Louis-Philippe, qui l'oblige à un voyage forcé, il apprend que sa mère est gravement malade, et revient à l'heure de son dernier soupir. Le duc de Montebello[2], alors ambassadeur de Louis-Philippe en Suisse, ne voit pas sans alarme reparaître aux portes de la France celui qui avait tenté de les ouvrir à la pointe de l'épée. Il somme la Suisse d'éloigner le prince. La Suisse veut garder son hôte. Le duc de Montebello envoie à la diète une note menaçante. Pour mettre fin à un conflit qui pouvait prendre un caractère grave, le prince écrit au landamann Anderwert, pour le prier d'annoncer au directoire fédéral qu'il

[1] *Œuvres de Louis-Napoléon Bonaparte*, édition Tremblaire, t. I, p. 82.

[2] Son frère le comte Gustave est aujourd'hui général et aide de camp de l'empereur Napoléon III.

est prêt à se retirer dès qu'il aura obtenu ses passe-ports. Peu de jours après, il passe en Angleterre.

Là, tandis qu'on le voyait figurer au tournoi d'Ecklington et qu'on le croyait uniquement voué aux plaisirs dévorants du dandysme anglais, il méditait un nouveau coup de main. Tous ces projets si froidement calculés, pesés avec toutes les apparences de la sagesse, viennent échouer en 1840 sur la plage de Boulogne. Cette fois, ce n'est plus l'exil, c'est la prison du fort de Ham qui apprend au prince Napoléon-Louis qu'en politique on n'a pas le droit de se tromper.

Peu d'hommes eussent résisté à ce nouvel et profond échec. Du fond de sa prison, Napoléon-Louis continue son œuvre. Il étudie, écrit, publie, et, par une active correspondance, continue de se faire connaître aux notabilités de tout genre en France. Il projette en même temps son évasion, et, sous un déguisement imité du costume d'un ouvrier qui travaillait au fort de Ham, il parvient enfin à s'échapper et à regagner l'Angleterre.

On sait comment la Révolution le ramena en France. Les massacres de Juin 1848 écartèrent du général Cavaignac les votes du prolétariat; ils se reportèrent sur le prince Napoléon. Ce n'est pas ici le lieu de retracer les fautes des républicains et la série de fausses manœuvres par lesquelles ils préparèrent l'avénement de Napoléon III au trône. Nous l'avons fait ailleurs. Qu'il nous soit seulement permis de revenir sur ces pages peu connues où nous avons essayé de résumer en traits mûrement étudiés l'esquisse de cette figure historique. A côté des fautes des républicains, la fortune de Napoléon III s'explique par des causes générales et antérieures qu'il importe de signaler. En voici quelques-unes :

Ces grossières images pendues au-dessus de la cheminée du cabaret de grande route et des plus pauvres cabanes de France, recevaient leur signification. Ce retour des cendres imaginé par la perfidie de M. Thiers, — les petites causes ont parfois de grands effets, — s'éclairait d'un caractère nouveau. Napoléon, comme César, apparaissait aux yeux des mul-

titudes sous l'aspect surhumain d'un demi-
dieu. Et, comme les dieux sont immortels, au
fond de ces obscures intelligences des masses
que retient vers le sol le dur travail de la
glèbe, la mort réelle de Napoléon restait à
l'état de doute. Le héros lui-même passait à
l'état de symbole, et son identité ne se déga-
geait pas clairement dans leur esprit. Aussi,
lorsque le nom de Napoléon commença de
circuler, ils se relevèrent comme un seul
homme au cri de *Vive l'Empereur!*

Un brouillard épais règne dans l'esprit des
masses; la politique joue un très-petit rôle
dans leur vie; leurs notions sur toutes choses,
excepté sur le petit nombre de celles qui se
rattachent à leur humble existence, sont plus
confuses que ce monde physique vu à la faible
lueur qui tombe des étoiles. Il serait sans
doute absurde de dire que le peuple des cam-
pagnes, en votant pour Louis-Napoléon Bonaparte, crut unanimement voter pour son oncle;
mais le vieux laboureur qui, secouant une tête
chenue, répétait avec une foi obtuse : « Non,
il n'est pas mort ! » celui-là, dis-je, exprimait

peut-être mieux la pensée du vote que les plus
habiles propagandistes.

C'est au nom de *l'idée napoléonienne*
que Louis-Napoléon Bonaparte avait deux fois
fait appel au pays; l'idée ou plutôt le sentiment napoléonien lui répondait. Puis, après
trois règnes comme ceux de Louis XVIII, de
Charles X et de Louis-Philippe Ier, la France
avait le droit d'être affamée de gloire. Au nom
de Napoléon, le souvenir en faisait naître l'espérance. La bourgeoisie, la bourgeoisie pari-
sienne surtout, s'étonnait de ce mugissement
profond qui sortait des foules. Elle ne s'était
pas sérieusement sentie blessée par le désastre
de 1815. L'or étranger avait largement in-
demnisé son orgueil offensé. La blessure n'a-
vait même pas saigné. Mais le paysan, lui,
connaissait les Cosaques autrement que par
l'or répandu. Il avait vu son toit souillé, son
pain mangé, sa femme insultée par la solda-
tesque étrangère. Chaque chaumière avait
logé cette garnison exécrée et conservait soi-
gneusement la légende des mauvais jours. De
sorte que Napoléon, pour elle, ne signifiait

pas seulement la gloire qui console et enivre,
la gloire nationale qui fait que le plus humble
et le plus obscur se sent fier d'être un grain
de sable de cette immensité, un individu noyé
dans cette glorieuse collectivité qu'on nomme
la nation française ; Napoléon voulait dire : la
vengeance ! Oui, la vengeance pour les champs
foulés aux pieds des chevaux, la vengeance
pour la sainteté du foyer violée, pour la ma-
jesté de la famille outragée ; pour tant d'in-
jures secrètes qu'apporte au logis du pauvre
l'invasion étrangère ; vengeance inassouvie,
inespérée, envoyée de Dieu en apaisement à
un peuple humilié !

La Providence avait formé le prétendant
pour son rôle. En lui donnant plus de caractère que de talents superficiels, en le créant
plus propre à l'action qu'à la parole, en im-
mobilisant, pour ainsi dire, sa pensée dans
une sorte d'idée fixe : la reconstitution de
l'Empire français, elle l'avait armé pour la
lutte. Une mère lui avait dit à l'oreille le mot
des sorcières de Macbeth : « Tu seras roi, » et
il s'en était allé à travers le monde portant

partout cette pensée immuable, rapportant à
elle chacune de ses actions, n'imaginant pas
pour lui-même une autre manière d'être, à
moins que ce ne fût la tombe. Il ne concevait
pas que la vie valût quelque chose, à moins que
d'être empereur des Français. « J'étais bien
décidé, a-t-il écrit de sa main, à relever l'aigle
impériale ou à périr victime de ma foi politique. »

Quelle légende plus romanesque que celle
du prince Louis-Napoléon Bonaparte dans trois
siècles d'ici? quand depuis longtemps les ran-
cunes de guerres civiles, les haines de partis,
les passions politiques de tout genre, se seront
abîmées dans cette grande mélancolie de l'histoire qui ressemble à la paix des tombeaux!

Louis-Napoléon Bonaparte n'était pas
moins différent de son siècle par son caractère que par son histoire. Dans ce monde
éclectique, procédurier, parlementaire, où les
hommes, nous l'avons vu, à quelque parti
qu'ils appartiennent, monarchistes ou républicains, sont si peu résolus à suivre la pente
d'une destinée et à risquer le tout pour le tout,
le prétendant apportait la détermination de

vaincre ou de périr. Quelle supériorité ce seul fait ne devait-il pas lui donner parmi tant de sceptiques, d'incertains et de trembleurs!

Au plus simple examen, on reconnaissait en lui deux qualités qui font les politiques. Il joignait le flegme du Nord à l'habileté méridionale. Si l'on ajoute à cela que les revers ne parvenaient jamais à ébranler sa foi ni à lasser son courage, on comprendra que, en temps de guerre civile, le pouvoir devait difficilement échapper à un tel homme. Ceux qui ont pratiqué ce prince dans les conseils savent avec quelle fixité sa volonté revenait toujours à son point de départ. Ennemi des paroles inutiles, il ne discutait pas, mais revenait sans cesse à la charge, comme si le décret de sa volonté eût été lié aux inévitables décrets de la destinée. Alors la différence qui existe entre le caractère et ce qu'on appelle le talent se dessinait profondément et prouvait que le plus souvent l'avantage finit par rester au premier. Les discours les plus habiles, toutes les manœuvres parlementaires, tous ces moyens brillants et spécieux venaient se briser devant cette immuable volonté, comme l'écume légère des vagues s'écrase contre un rocher. Par ce flegme, par cette fixité d'opinion, par ce silence même, il se faisait obéir avant que d'avoir en main le bâton du commandement.

Des écrivains atteints sans doute par le glaive de la guerre civile, des blessés de la vie, des hommes lésés dans leurs intérêts, dans leurs passions, dans leurs croyances, — le nombre, hélas ! en est grand après de telles années, — ceux-là, dis-je, ont pensé et cherché à répandre l'opinion que la petite image des chaumières avait tout engendré, que la puissance cabalistique du nom de Napoléon était le seul auteur de l'élévation de son neveu, que la Providence ne lui avait presque rien laissé à faire. Cette assertion manque à la fois de vérité et de philosophie. Sans doute le milieu conditionnel opprime l'homme de mille façons; mais, dans ce milieu même, il faut bien qu'il reste une petite part à son indépendance. Que serions-nous donc sans cela sur cette sphère ambiante? Or cette petite

part laissée à l'activité humaine, **et qui suffit** quelquefois, quand l'homme est fort et mi-
litant, à incliner sa destinée, Louis-Napoléon
Bonaparte en a fait le plus énergique usage.
Ses partisans ont remué les foules jusque dans
leurs entrailles, et, toutes les fois qu'il a cru
voir poindre la rouge aurore du combat, il
n'a pas hésité à tirer l'épée pour sa cause. Il
n'eut foi dans le destin qu'à la condition de le
seconder.

A une époque où la plupart des écoles économistes désignées sous le nom générique de
Socialisme venaient nier la politique et la re-
jeter comme une souquenille usée, trop étroite
pour la taille de ce siècle; quand de prétendus
penseurs répandaient des flots d'encre contre
la diplomatie, la guerre, etc., qu'ils considé-
raient comme les derniers vestiges des temps
barbares, **Louis-Napoléon Bonaparte** entrait
dans l'arène avec les vieux moyens d'escrime
en usage au temps des Médicis. Il venait armé
de cette politique italienne qui sera toujours la
première du monde; car, dans l'Italie, je com-
prends la Rome antique; il venait avec cette

politique de Tacite, de Tite-Live, de Jules César, qui passe par le grand Machiavel et qui se continue dans le César moderne, dans Napoléon le Corse. Mais que parlé-je de politique italienne? Il venait avec la politique une et éternelle basée sur la connaissance de l'homme et sur le jeu des intérêts. N'était-ce pas encore un grand avantage dans un temps de feuillistes, d'utopistes de toute sorte voulant réduire le monde en systèmes?

Il y a dans le parti républicain, en France, une grande vertu : la constance dans l'adversité. Elle fait le fond le plus solide de ce parti, qui, par cela seul, mériterait toujours l'estime et la considération du politique.

Cette rare vertu, Louis-Napoléon Bonaparte la possédait, lui aussi, au suprême degré. Chaque jour, il put en faire usage dans les premières difficultés que lui suscitèrent le gouvernement provisoire et la Constituante. Le parti républicain, étant nominativement au pouvoir, ne pouvait exercer cette faculté sans conspirer en quelque sorte contre lui-même, qu'en se scindant. Un individu ne se scinde jamais. Les collectivités, au contraire, n'ont d'unité que dans l'attaque.

En présence d'un prince dont le seul nom était un si grand danger pour la République, le parti républicain ne sut pas agir politiquement. Sans recourir à quelqu'une de ces sanglantes trahisons auxquelles il est toujours possible de suppléer par les ressources de l'esprit, il était aisé au parti républicain d'absorber Louis-Napoléon Bonaparte au profit de la République. Ni M. de Lamartine, ni M. Ledru-Rollin, ni M. Cavaignac, ni M. Changarnier, ni aucun autre parmi les hommes qui occupèrent un moment l'attention publique, n'était du caractère nécessaire à cette longue et laborieuse installation d'un gouvernement démocratique dans un pays monarchiste et catholique depuis quatorze siècles. Au lieu de susciter des obstacles au seul homme qui, par son origine à la fois royale et plébéienne, par la gloire singulière attachée à son nom, par l'inflexibilité même de son esprit, se trouvait dans les conditions nécessaires pour cette tran-

sition de la monarchie à la république en
France, il fallait l'envelopper d'une sympathie
jalouse qui ne permît pas à l'esprit de la monarchie d'arriver jusqu'à sa personne. En se
serrant contre lui, les républicains, maîtres
des hautes fonctions de l'État, eussent retenu
Louis-Napoléon comme les républicains anglais retinrent jadis Cromwell sur le bord de
la royauté. Plus heureux que Cromwell, ce
prince eût peut-être fondé la république en
France, et préféré une gloire personnelle,
comme Washington, à l'honneur moins rare
de continuer une dynastie.

Ces lignes donnent une idée de l'homme
public. Quant au particulier, Paris, grand
village où rien ne se perd, en a dit beaucoup
de choses vraies ou fausses. Quelques-unes
de ces anecdotes prouvent, si elles sont exac-
tes, que la princesse Clémentine, en traitant
avec peu de générosité le prétendant vaincu
de *pauvre nigaud* [1], se trompait aussi sot-

[1] *Revue rétrospective*, journal tenu pour M. le
prince de Joinville durant son voyage à Sainte-Hé-
lène.

tement que le firent les républicains de
1848.

On rapportait à Napoléon III que M. Thiers,
parlant du régime actuel, avait dit : « C'est
une cuisine qui me va assez, mais c'est le
cuisinier qui ne me va pas. — Dites à
M. Thiers, répliqua l'Empereur, que si je fais
de la bonne cuisine cela tient à ce que je ne
prends pas de gâte-sauces. »

Un jour, l'Empereur et l'Impératrice se
promenaient dans une allée écartée du bois
de Boulogne. A leur rencontre s'avançait en
sautillant un joli *buby* rose et blond, suivi de
son domestique. La vue d'un enfant excitait
alors chez l'Impératrice ce sentiment que l'on
éprouve en face d'un beau fruit qu'on cher-
che à cueillir et qu'on ne tient pas encore.
« Mon petit ami, dit-elle, vous ne passerez
pas sans m'avoir embrassée. » L'enfant se
laissa en rougissant embrasser par la belle
dame inconnue. « Maintenant, ajouta-t-
elle, il faut aussi embrasser l'*Empereur*. —
L'Empereur, dit l'enfant terrible, je veux
pas... papa dit que c'est un tyran. » Le do-

mestique était devenu pâle comme la mort.
« Vous direz à ses parents que je n'ai pas de-
mandé leur nom, » articula Napoléon.— Cela
était de bon goût.

Quoique bien courtes, ces pages n'étant
pas un recueil d'*anas*, laissons les anecdotes
aux salons de Paris, et revenons à notre
étude.

Un fait intéressant à constater, parce qu'il
ajoute à ce portrait une ligne capitale, c'est
la différence qui existe entre la pensée de
Louis-Napoléon Bonaparte et celle de son oncle. Sans doute, Napoléon Ier fut aussi grand
administrateur que grand guerrier; mais il
est bien évident que, chez lui, le génie de la
guerre rompit tout équilibre. Sa mission était
ainsi formée à l'avance d'ailleurs par la coali-
tion des rois contre la Révolution française.
Cette mission consistait, comme on l'a dit tant
de fois et dans les meilleurs termes, à porter
dans les plis de nos drapeaux les idées fran
çaises à travers l'Europe. « Lorsque la France
conduite par l'empereur Napoléon Ier et per-
sonnifiée dans le drapeau tricolore, dit une

brochure récente, passait à travers les champs
de bataille de la vieille Europe, les nationalités trépassées se levaient [1]. »

Plus loin, cette même parole, partie de
l'Orient, ajoute : « Partout où ont passé les
armées françaises, ce grand miracle de la ré-
surrection s'est accompli; là seulement où ces
troupes citoyennes n'ont pas empreint leurs
glorieuses semelles, dans le bas Danube, la
mer Noire, Bucharest, Constantinople, les
Dardanelles, où n'apparut point Napoléon, les
grandes questions politiques n'ont été ni ai-
dées ni résolues. Le vaincu n'a pas été élevé
au niveau du vainqueur. »

Ainsi enfermé dans ce cercle de la guerre,
Napoléon Ier resta marqué de son double caractère de conquérant et de propagandiste.
Venu en des circonstances différentes, Napoléon III envisage autrement ce qu'il nomme
l'*idée napoléonienne*. Dans la pensée de
Louis-Napoléon Bonaparte, « l'idée napoléo-

---

[1] *Religion et politique. Examen du 4e point de garantie.* par G.-A. Mano. Paris, Amiot, 1856.

nienne n'est point une idée de guerre, mais
une idée sociale, industrielle, commerciale,
humanitaire [1]. » Nous retrouvons cette même
pensée dans le discours prononcé à Bordeaux
sous la présidence décennale. « L'Empire,
c'est la paix, » a-t-il dit alors. Selon lui, et
en cela il est d'accord avec la majorité des
socialistes, c'est du gouvernement que doit
émaner l'initiative des grandes choses. Son
esprit est donc gouvernemental. « Un gouvernement n'est pas, comme l'a dit un éco-
nomiste distingué, un *ulcère nécessaire*; mais
c'est plutôt un moteur bienfaisant de tout or-
ganisme social [2]. »

Tout, dans ces pages remarquables que les
républicains eurent le tort de ne point lire,
conclut aux aspirations de la paix. Si le génie militaire de la France se lève comme une
divinité menaçante dans la pensée de l'auteur,
« ton rôle, lui dit-il, est de mettre dans tous

[1] Œuvres de Louis-Napoléon Bonaparte : *Des idées
napoléoniennes.*
[2] *Idées napoléoniennes.*

les traités ton épée de Brennus en faveur de
la civilisation [1]. »

Ainsi Napoléon III n'est point, comme son
oncle, ce messie armé entrevu par le génie
patriotique du poëte polonais Mickiewitz.
C'est l'homme de la paix, le *grand bâtis-
seur* qui reconstruit une ville capitale dans
l'espace de quelques saisons.

Dans la politique du dehors, il n'est pas
moins différent de son oncle. On sait, par une
page curieuse des *Considérations politiques
et militaires sur la Suisse*, comment « Napoléon fit des rois pour qu'on crût à la stabi-
lité et qu'on n'accusât pas son ambition. » Le
neveu ne songe pas à faire des rois, mais à
reconstituer une race qui tend en effet à dis-
paraître du globe, phénomène d'autant plus
intéressant pour nous, que cette race est la
nôtre.

Ce qui ne laissera pas de surprendre et de
dérouter l'observation d'un grand nombre,
c'est que le prince, dans lequel on s'accoutu-

* *Idées napoléoniennes.*

mait, par paresse d'esprit, à voir uniquement le servile imitateur de l'idée de Napoléon Ier, remontait jusque dans les profondeurs du moyen âge pour y chercher un modèle et un maître. Cette pensée, qui n'est jamais arrivée jusqu'aux oreilles de la presse, s'est produite sous mille formes pendant près de quatre ans au palais de l'Élysée, parmi les partisans intimes attachés depuis longtemps à la fortune du prétendant. Elle revenait surtout dans les conversations sur les affaires d'Orient, dont il apprenait, par la fréquentation du corps diplomatique étranger, les plus petites particularités. Plusieurs ambassadeurs accrédités auprès de lui, et dont il faisait une estime particulière, parce qu'il puisait dans leurs entretiens plus d'informations que chez ses propres diplomates, l'entendirent vingt fois développer ce thème favori.

A la grande surprise de ceux qui liront ces lignes, c'est dans son patron saint Louis que le prince Louis-Napoléon Bonaparte allait chercher l'objet de sa plus vive émulation. Prince chrétien et catholique, il voulait,

comme saint Louis, devenir la colonne de l'É-
glise au dix-neuvième siècle. Esprit très-vé-
ritablement politique, il sentait qu'en effet le
principe d'autorité a pour base la religion, et
il comptait par réciprocité tirer d'elle son
prestige et sa force. On ne s'étonnera plus dès
lors du puissant intérêt que la question des
lieux saints, lorsqu'elle surgit plus tard des
audacieuses combinaisons du système russe,
dut offrir à son imagination politique.

L'expédition romaine achevée, Pie IX ré-
tabli sur le trône pontifical, Louis-Napoléon
Bonaparte eût accepté, en manière de croi-
sade, une campagne à Jérusalem [1]. Son oncle
aimait à se décorer du titre de protecteur de
la Confédération germanique. Il eût préféré,
lui, le titre de protecteur du saint sépulcre
et des lieux saints. La conquête de Tunis le
poursuivait dans ses rêves, comme elle poursuivait saint Louis. L'épanouissement de la
race *latine* était le couronnement de l'édifice

[1] Cette pensée apparaît dans le discours prononcé
à Chartres le 6 juillet 1849.

religieux et politique qu'il construisait dans
sa pensée. Poussant plus avant dans les dé-
ductions de ce vaste plan, il peuplait l'an-
cienne ligne des États barbaresques, depuis
Tripoli jusqu'à Tanger, d'une colonie italo-
hispano-française. De telle sorte qu'en face de
la France, qu'en face de l'Espagne, qu'en face
de l'Italie, une autre France, une autre Espagne, une autre Italie, se fussent contemplées
comme un reflet magique, renvoyé par le mi-
roir de la Méditerranée. Ainsi se résolvait en
Europe le problème de l'équilibre des races;
ainsi se trouvaient contre-balancées les influences gréco-slave et anglo-saxonne.

Lorsqu'en passant à Marseille Louis-Napoléon Bonaparte s'écria plus tard : « La Méditerranée est un lac français! » il écartait aux
yeux trop peu clairvoyants des masses un
coin du voile qu'il levait entièrement dans les
causeries intimes de l'Élysée. « La mer Noire
est un lac russe! » avait dit l'empereur de
Russie. La riposte ne se faisait pas attendre.
Et, dans ces deux paroles qui se heurtent
comme deux glaives en un combat, il faut

voir la race latine en face de la race slave,
pied à pied, épaule contre épaule.

Dans ces causeries attardées, au milieu de
cet auditoire étroit et sympathique d'un petit
cercle d'amis de son choix et de compagnons
de fortune, la pensée du prétendant s'enflam-
mait au choc sonore de ses propres paroles.
Son flegme se brisait comme un cristal qui
ne peut plus contenir un vin trop généreux,
il appelait au combat la politique russe, dé-
clarant qu'il porterait là toute l'ardeur de son
zèle catholique dans une question de chré-
tienté. Et si l'Europe venait lui dire : « Qui
es-tu? où vas-tu? » il répondrait : *« Je suis
le libérateur des peuples;* et si jamais on
voit apparaître mes flottes dans les mers du
Levant, c'est la Russie que j'irai y chercher
sous un ciel moins glacé que celui de Mos-
cou. » S'attristant aux douloureux souvenirs de 1812, il ajoutait que pour lui les
leçons de 1814, 1815 et 1848 ne seraient
pas perdues; qu'il laverait dans le Bosphore
la honte des traités de Vienne et qu'un jour
viendrait où il ferait un appel fructueux

aux Polonais, aux Hongrois et aux Roumains.

Portant ensuite ses regards vers le continent américain, il poursuivait cette pensée de l'épanouissement de la race latine jusqu'au Mexique et dans les États du Sud, rétablissant là comme en Europe l'équilibre entre cette race et la race anglo-saxonne. Puis, revenant vers la France à travers les mille spirales de cette vision flamboyante, il déterminait la dernière période de son règne par l'œuvre de la réconciliation des intérêts et la solution régulière de la question sociale [1].

La vie d'un homme politique, et particulièrement celle d'un roi, d'un empereur ou d'un dictateur, ressemble à une tragédie. Il est aussi malaisé de porter un jugement durable sur un prince régnant qu'il le serait de se prononcer sur le mérite d'une pièce de théâtre avant que la toile fût tombée.

Alors même que la presse jouirait d'une absolue liberté, il ne serait pas possible, à

[1] *Histoire de la seconde République française*, t. IV.

l'heure où nous écrivons, d'asseoir **un jugement** définitif sur le caractère et le rôle de
l'empereur Napoléon III. Nous devons donc
nous borner à la constatation de quelques
faits indiscutables.

Il est évident que la campagne de Crimée
a relevé aux yeux du monde le pavillon français. On commençait à douter des soldats de
la France, et plus encore de son esprit. Les
trois emprunts et la prise de Sébastopol ont
dissipé les doutes. La France a repris en Europe sa place de puissance de premier ordre.
Ce n'est pas sous le règne de Louis-Philippe
qu'un congrès de plénipotentiaires eût siégé
à Paris. Que l'on compare le langage actuel
de l'Angleterre avec celui qu'elle tenait sous
le ministère Guizot, et l'on verra toute la distance qui sépare le présent du passé.

Que le nom de la France soit aujourd'hui
respecté sur toute la carte politique du globe,
cela éclate aux yeux de chacun; mais que
des fautes diplomatiques n'aient pas été com-
mises, ou plutôt que la politique extérieure
de ce pays ne réalise pas toutes les espé-

rances de la démocratie, cela n'est pas moins évident.

L'alliance anglaise est un fait *patent*, mais les sympathies si explicables de l'empereur Napoléon III pour la maison de Lorraine-Hapsbourg sont un fait *latent*. Or le principe de reconstitution des nationalités qui forme la base diplomatique de la démocratie française nous paraît absolument inconciliable avec ces sympathies.

Peut-être ne serait-ce même pas pousser trop loin l'esprit d'hypothèse que de considérer la décadence de l'influence autrichienne en Europe comme inséparable d'un triomphe général de la démocratie.

Il y a trois empereurs en Europe.

Nonobstant la guerre récente et les alliances qu'elle a engendrées, malgré les prétentions panslavistes de la Russie, en dépit des prédilections de Napoléon III pour la race latine et de sa politique éminemment catholique, en dépit de ses sentiments de patriote italien et de l'oppression autrichienne en Italie, des affinités subtiles, profondes, rapprochent ces trois mains impériales. Si les influences de 1815 qui subsistent encore ne prévalent pas, il n'est pas impossible que ces affinités prédominent un jour.

Et pourtant les œuvres écrites de l'empereur Napoléon III sont, nous l'avons vu, toutes pleines de pensées démocratiques et sociales. La contradiction est un mal humain auquel n'échappent pas les princes. Elle gît d'ailleurs plus souvent dans la condition que dans le caractère des individus. Président à vie de la République française, Louis-Napoléon Bonaparte eût échappé à l'influence de ces affinités *subtiles et profondes* que nous signalions tout à l'heure. Rien n'eût entravé l'essor de son génie démocratique. C'est parfois un bien grand gage d'indépendance et d'autorité que de pouvoir parler en habit noir à des rois.

Dans les choses de l'intérieur où Napoléon III s'est abandonné aux inspirations de son esprit organisateur, il a montré ce que peut faire un monarque armé d'un pouvoir illimité lorsqu'il applique sincèrement sa volonté à un objet quelconque. En deux années, ce monument du Louvre, unique au monde, et dont le grand Colbert conseillait l'achèvement à Louis XIV, est sorti de terre comme au coup de baguette d'une fée.

En même temps Paris entier a changé de face. Ce fait seul vaut un règne. Les conditions morales d'un peuple tiennent beaucoup à son bien-être. Les rois du temps passé songeaient à construire des palais à leurs maîtresses; il n'est pas mal qu'un Napoléon construise le palais de la nation et l'habitation du peuple. Cela coûtera bien des millions, dit-on, et c'est compromettre l'avenir de nos finances. Je ne sais pas ce que l'avenir nous réserve, mais je sais qu'on sort toujours d'une crise financière. Ce qui est fait restera fait; c'est l'important.

Quoiqu'une crise financière atteigne généralement d'une façon ou d'autre jusqu'au dernier des citoyens, il est certain que la généralité du peuple s'en préoccupe infiniment moins que les classes favorisées de la fortune

Entre une question d'argent et une question de patriotisme, le prolétariat n'hésite jamais. Les autres classes reculent quelquefois.

Les ouvriers français, en 1848, offrent trois mois de misère au gouvernement provisoire; la Bourse monte de trois francs après le désastre de Waterloo.

Les économistes expliquent cela par des raisons purement... économiques. Selon eux, on ne raisonne pas avec la confiance, et les capitaux, comme le mercure dans le tube d'un thermomètre, montent ou se retirent selon le temps qu'il fait.

Cela ne me paraît pas une règle absolue. L'appréciation des événements est bien plutôt la cause déterminante que l'événement lui-même.

En présence des questions nationales, les choses ne se passent pas ainsi à Londres, parce que le capital ne s'isole pas dans un sentiment de pur égoïsme. Cela ne se passait pas ainsi à Venise, sous Manin, quand le peuple assiégé baisait avec amour le papier-monnaie de sa République.

Sans doute la confiance règle le cours des valeurs ; mais, quand la confiance n'est plus d'accord avec les intérêts et l'honneur de la nation, c'est que les capitaux sont impurs et ceux qui les détiennent traîtres à la patrie.

Supposez que la Bourse de Paris eût été pleine de capitalistes honnêtes au moment du désastre de Waterloo ; au lieu de cette hausse honteuse et impudente, une baisse patriotique eût signalé le deuil de la nation.

Quoi qu'il arrive dans l'avenir, Paris a été reconstruit. Il ne faut pas d'ailleurs attacher une importance exagérée à l'accroissement de la dette. Les démocrates ont souvent accusé les divers pouvoirs d'élever trop haut le chiffre de leurs dépenses. Cela peut être un bon moyen d'opposition : la sensibilité domestique s'émeut toujours lorsqu'on lui parle économie.

Au fond, cela ne signifie pas grand' chose. Les démocrates ont eu tort d'employer un argument auquel ils ne croyaient pas eux-mêmes. Il importe peu en effet que la ville de Paris, ou l'État, augmente le chiffre de sa dette. La dette foncière n'est pas alarmante, celle de l'Angleterre est quatre fois plus élevée que la nôtre; la seule dette flottante oblige dans le présent. Que résulte-t-il de cette situation? l'unique nécessité d'élever les recettes au niveau des dépenses.

Cette nécessité aboutit à une augmentation d'impôts. Sans doute; mais le chiffre de l'impôt n'est aussi qu'une question secondaire. Les contribuables les plus imposés de France en sont les particuliers les plus riches. Ce qui importe au contribuable, ce n'est pas de payer tant ou tant d'impôt, mais de trouver dans les institutions du pays une garantie et des moyens de prospérité proportionnels aux sacrifices que lui demande l'État.

Il n'y a au fond de ces choses qu'une question de proportionnalité. Si l'équilibre est maintenu, si l'État est en mesure d'élever les moyens de richesse individuelle par une progression de dépenses, l'impôt peut hardiment atteindre aussi haut qu'il voudra. La plupart de nos grands travaux publics, par exemple, en fertilisant les terres ou en élevant leur valeur par la facilité des communications, ont démontré ce qu'il peut y avoir de vraisemblable dans cette opinion.

D'autres personnes ajoutent : Louis-Napoléon Bonaparte n'a pas de génie personnel. Son seul mérite consiste à mettre l'oreille contre terre et à écouter la voix du peuple. — Le peuple lui a dit : Achève le Louvre ; et il achève le Louvre. — Le peuple lui a dit : Construis les cités ouvrières ; et il a construit les cités ouvrières. — Le peuple lui a dit : Rebâtis la ville de Paris ; et il a reconstruit Paris. — Le peuple lui a dit : Fais la guerre pour l'honneur du drapeau ; et il a fait la guerre. — Le peuple lui dit : Fais la paix pour le bien public et le repos de l'Europe, la paix pour le commerce et l'industrie ; il fait la paix.

S'il est vrai que l'élu de la nation française n'ait pas d'autre Égérie que le peuple, qu'il n'écoute pas d'autre voix que cette grande voix des multitudes, *vox Dei*, qui part des entrailles de la terre ; quoi de plus conforme au principe dont il émane ? quoi de plus conforme à cet idéal de la monarchie, qu'il a lui-même défini ainsi : « Identité des intérêts entre le

souverain et le peuple ? [1] » Ah ! qu'il écoute
souvent, qu'il écoute sans cesse, et il entendra
bien d'autres inspirations sourdre du sein profond des masses ! Il entendra les pleurs de bien
des misères, il entendra aussi la parole écla-
tante du génie de la France, qui lui dictera
tant de grandes, et belles et saintes choses,
qu'aucun monarque avant lui n'avait pu en-
tendre !

Pour résumer en aussi peu de mots que
possible la situation de l'empereur Napoléon III
et du pays, il suffit de constater les faits sui-
vants :

Les opinions, en France, sont à cette heure
courbées sous deux faits capitaux : les huit
millions de suffrages donnés par le peuple à
Louis-Napoléon Bonaparte, et la *guerre*, qui
vient de rallier momentanément, sans distinc-
tion de parti, tout vrai patriote sous le drapeau
de la France.

D'une part, la souveraineté du nombre,
c'est-à-dire le destin, c'est-à-dire la force ;

---

[1] *Idées napoléoniennes.*

D'autre part, le péril commun, c'est-à-dire l'union par la nécessité.

Tel est le double *fatum* de la politique française à l'heure où nous écrivons.

D'où il résulte que Louis-Napoléon Bonaparte, ce prince qui tant de fois a écrit et prononcé le mot de *destinée*, est devenu le suprême commissaire de la Providence. Ce qui s'accomplit est au-dessus de lui comme de nous. Le courant de la destinée nous entraîne. La situation actuelle, tant intérieure qu'extérieure, est le tissu d'une chaîne de faits qui remonte aux origines du siècle, et qu'une philosophie de l'histoire, plus élevée que celle qu'il nous plaît de développer ici, considérant dans son ensemble la vie de la nation française, pourrait attribuer aux phénomènes les plus généraux de la vie des peuples.

Mais le fait qui nous intéresse ici, c'est le fait contemporain, le fait d'hier à peine, le fait d'aujourd'hui surtout, celui de demain peut-être.

Quel est donc le rôle du prince, et le nôtre plus effacé, plus délicat aussi, nous partis di-

vers, tous vaincus sauf un seul, vaincus par
le vote populaire, et non par le canon du 2 dé-
cembre, que nous ne regardons pas comme
l'*ultima ratio*, ni comme le symbole véritable
de la force [1], dans lequel nous ne voulons voir
qu'un accident de ces luttes intestines d'un
peuple pris aux cheveux par la destinée, à
l'instar de ces héros d'Homère qu'entraînait
quelque grande déesse?

Le devoir du prince est de continuer l'œuvre du dix-neuvième siècle, et le nôtre de le
seconder. C'est à l'époque du bonheur que
l'heure des réalisations sonne son dernier
coup. C'est après la guerre que commence
l'œuvre de la paix. Ouvrir les portes de la
France aux vaincus de la guerre civile, c'est
bien; mais il est à souhaiter qu'en ren·
trant sur le sol natal, ils y puissent respi-
rer l'air de leurs idées, ils y puissent vivre
politiquement. L'empereur Napoléon III le

---

[1] « Plus une autorité a de force morale, moins l'emploi de la force matérielle lui est nécessaire. » (Louis-
Napoléon, *Idées napoléoniennes.*)

sait mieux que tout autre, en dehors des utopies socialistes de 1848, il y a un ensemble d'idées démocratiques réalisables à l'œuvre desquelles les républicains vaincus peuvent trouver, si l'État y consent, l'emploi de leur activité, l'apaisement de leur conscience, les conditions d'une vie possible. Là seulement nous apparait l'adhésion naturelle au régime actuel.

Ce pays a soif de gloire et faim de bien-être. Il a soif de gloire, parce que, depuis bien des années, il n'avait bu que des hontes. Il a faim de bien-être, parce que, arrivé à une notion plus parfaite de la vie intellectuelle, son organisation sensuelle a, elle aussi, acquis des notions nouvelles et plus exquises.

Or c'est parce que le pays a vu dans Louis-Napoléon Bonaparte le capitaine providentiel de cette navigation sur un courant plus fort qu'il a brusquement rompu avec ses tendances nouvelles au parlementarisme depuis soixante ans; c'est pour cela aussi qu'il prête ses millions sans marchander; c'est pour cela qu'il donnerait autant de soldats que le ventre béni de ses femmes pourrait porter de mâles; mais, en échange, il veut de la gloire. Et, lorsqu'il a étanché cette soif profonde et si chère à assouvir, alors il demande la réparation légitime de ses forces épuisées, le bien-être.

Il faut donc à l'empereur Napoléon III plus que du génie peut-être, il lui faut aussi du bonheur. Ce bonheur, beaucoup d'esprits sérieux le lui souhaitent ou plutôt le souhaitent à la France, convaincus qu'à la façon dont Louis Napoléon Bonaparte a étreint ce pays dans son énergique politique, convaincus que ses millions de suffrages ont si étroitement entrelacé ses fibres aux fibres populaires, convaincu qu'à la façon dont les nécessités intérieures et extérieures ont noué les organes de sa propre existence aux organes essentiels de la vie de ce pays, le destin lui-même, s'il l'arrachait aujourd'hui du trône, laisserait dans l'instant aux entrailles de la France quelque horrible blessure.

Ce besoin d'une protection providentielle,

nul peut-être ne l'éprouve plus vivement que Napoléon III. — On n'a pas oublié ce mouvement de mélancolie et d'ardente invocation qui s'empara de l'Empereur et du président du Corps législatif, en présence des grands corps de l'État, lors des félicitations sur la naissance du prince impérial. Penchés vers ce berceau d'un nouveau-né, qui est aussi le berceau des espérances de la dynastie napoléonienne, tous deux songeaient. au milieu de ces discours officiels, aux vicissitudes de l'histoire.

Il y a bien longtemps, en effet, qu'un fils de roi en France ne s'est assis sur le trône de son père. Cela remonte à Louis XIV. Comment ne pas tourner les regards vers le ciel en murmurant le nom de la Providence?

Que l'empereur Napoléon III poursuive donc sa route. Nous reviendrons, nous, plus tard sur le terrain des discussions, inspirés des principes éternels, à cette heure promise à toute patience et à toute foi, à l'heure où l'Égérie lui aura dit : « Il est temps de laisser refleurir les libertés publiques, ces formes positives de l'autorité. »

Car la France n'a pas seulement soif de gloire militaire et de bien-être : elle est ambitieuse d'idées et de dignité intellectuelle.

FIN.